Juwelen des Trostes

Mit Fotografien von
Micha Pawlitzki

KREUZ

Diejenigen, die gehen,
fühlen nicht den Schmerz des Abschieds.
Der Zurückbleibende leidet.

Henry Wadsworth Longfellow

Du siehst alles ein bisschen klarer
mit Augen, die geweint haben.

Marie von Ebner-Eschenbach

Für den Verlust von Personen, die uns lieb waren,
gibt es keine Linderung als die Zeit und sorgfältig
und mit Vernunft gewählte Zerstreuungen,
wobei uns unser Herz keine Vorwürfe machen kann.

Georg Christoph Lichtenberg

Wenn ich traurig bin
und spazieren gehe,
so finde ich Trost in der Macht
und der Wahrheit der Natur.

Jacob Grimm

Wenn du an mich denkst,
erinnere dich an die Stunde,
in welcher du mich am liebsten hattest.

Rainer Maria Rilke

Was man tief in seinem Herzen besitzt,
kann man nicht durch den Tod verlieren.

Johann Wolfgang von Goethe

Die Zeit ist der größte Tröster,
sie trägt auf ihrem Rücken
noch alle Umwälzungen heim,
sie trocknet die bittersten Tränen,
indem sie uns neue Wege zeigt
und neue Stimmen an unser Ohr bringt.

Ralph Waldo Emerson

Was das Schicksal schickt, ertrage,
auch im Leide nicht verzage.
Ob in Freude, ob in Trauer,
glaube niemals an die Dauer.

Theodor Storm

Wenn du recht schwer betrübt bist,
dass du meinst, kein Mensch auf der Welt
könnte dich trösten, so tue jemand etwas Gutes,
und gleich wird's besser.

Peter Rosegger

Ein großer Schmerz läutert,
in dem er die Seele zwingt,
ihr Tiefstes zu sammeln.

Ferdinand von Saar

Die Blätter fallen, fallen wie von weit,
als welkten in den Himmeln ferne Gärten;
sie fallen mit verneinender Gebärde.

Und in den Nächten fällt die schwere Erde
aus allen Sternen in die Einsamkeit.

Wir alle fallen. Diese Hand da fällt.
Und sieh dir andere an: es ist in allen.

Und doch ist Einer, welcher dieses Fallen
unendlich sanft in seinen Händen hält.

Rainer Maria Rilke

Der Schmerz ist der große Lehrer der Menschen.
Unter seinem Hauche entfalten sich die Seelen.

Marie von Ebner-Eschenbach

Unsere Vollendung geschieht nicht durch Entwicklung,
sondern durch Verwandlung.

Augustinus

Wer mit dem Geist der Traurigkeit geplagt wird,
der soll aufs Höchste sich hüten und vorsehen,
dass er nicht allein sei.

Martin Luther

Trennung ist wohl Tod zu nennen,
denn wer weiß, wohin wir gehen.
Tod ist nur ein kurzes Trennen
auf ein baldig Wiedersehn.

Joseph von Eichendorff

Wenn etwas von uns fortgenommen wird,
womit wir tief und wunderbar zusammenhängen,
so ist viel von uns selbst fortgenommen.
Gott aber will, dass wir uns wiederfinden,
reicher um alles Verlorene
und vermehrt um jeden unendlichen Schmerz.

Rainer Maria Rilke

Es gibt Menschen, die wir in der Erde begraben.
Aber andere, die wir besonders zärtlich lieben,
sind in unser Herz gebettet.
Die Erinnerung an sie mischt sich täglich
in unser Tun und Trachten.
Wir denken an sie, wie wir atmen.
Sie haben in unserer Seele eine neue Gestalt angenommen,
nach dem zarten Gesetz der Seelenwanderung,
das im Reich der Liebe herrscht.

Honoré de Balzac

Herr! schicke was du willt,
ein Liebes oder Leides;
ich bin vergnügt, dass beides
aus Deinen Händen quillt.

Wollest mit Freuden
und wollest mit Leiden
mich nicht überschütten!
Doch in der Mitten
liegt holdes Bescheiden.

Eduard Mörike

Wer im Gedächtnis seiner Lieben lebt,
der ist nicht tot, der ist nur fern;
tot ist nur, wer vergessen wird.

Cicero

Die Erinnerung ist das einzige Paradies,
woraus wir nicht vertrieben werden können.

Jean Paul

Tröste dich, die Stunden eilen,
und was all dich drücken mag,
auch das Schlimmste kann nicht weilen,
und es kommt ein neuer Tag.

In dem ew'gen Kommen, Schwinden,
wie der Schmerz liegt auch das Glück,
und auch heitre Bilder finden
ihren Weg zu dir zurück.

Harre, hoffe. Nicht vergebens
zählest du der Stunden Schlag:
Wechsel ist das Los des Lebens,
und – es kommt ein neuer Tag.

Theodor Fontane

Der Tod ist groß.
Wir sind die Seinen
lachenden Munds.
Wenn wir uns mitten im Leben meinen,
wagt er zu weinen
mitten in uns.

Rainer Maria Rilke

Wer das Wesen der Welt erkannt hat,
sieht im Tode das Leben,
aber auch im Leben den Tod.

Arthur Schopenhauer

Bibliografische Information der Deutschen Bibliothek
Die Deutsche Bibliothek verzeichnet diese
Publikation in der Deutschen Nationalbibliografie;
detaillierte bibliografische Daten sind im Internet
über http://dnb.ddb.de abrufbar.

Kreuz Verlag, Stuttgart
in der Verlagsgruppe Dornier GmbH
Postfach 80 06 69, 70506 Stuttgart

www.kreuzverlag.de
www.verlagsgruppe-dornier.de

© 2006 Kreuz Verlag, Stuttgart
in der Verlagsgruppe Dornier GmbH

Alle Rechte vorbehalten
Umschlaggestaltung:
Bergmoser + Höller Agentur, Aachen
Umschlagbild: Bergmoser + Höller Agentur, Aachen
Bilder des Innenteils: Micha Pawlitzki, Augsburg
Reproduktion: Die Repro, Ludwigsburg
Satz: Rund ums Buch – Rudi Kern, Kirchheim/Teck
Druck: Proost, Turnhout

ISBN 3-7831-2803-X
ISBN 978-3-7831-2803-1

Von Micha Pawlitzki
sind bisher in
gleicher Ausstattung
erschienen:

Juwelen zum Geburtstag
ISBN 3-7831-2694-0
ISBN 978-3-7831-2694-5

Juwelen der Liebe **Juwelen des Glücks**
ISBN 3-7831-2695-9   ISBN 3-7831-2696-7
ISBN 978-3-7831-2695-2 ISBN 978-3-7831-2696-9

Juwelen des Danks **Juwelen der Ermutigung**
ISBN 3-7831-2697-5   ISBN 3-7831-2804-8
ISBN 978-3-7831-2697-6 ISBN 978-3-7831-2804-8